LES

Quinze-Vingts

CE QU'ILS SONT

CE QU'ILS DEVRAIENT ÊTRE

Par Ernest VAUGHAN

Directeur de l'Hospice National

des Quinze-Vingts

LE BLANC

Imprimerie DUPIN

1910

LES

Quinze-Vingts

CE QU'ILS SONT

CE QU'ILS DEVRAIENT ÊTRE

Par Ernest VAUGHAN

Directeur de l'Hospice National

des Quinze-Vingts

LE BLANC

Imprimerie DUPIN

—

1910

Les Quinze-Vingts

———

Ce qu'ils sont

Ce qu'ils devraient être

———

Si nous lisions dans une Chronique du XIIIe siècle que Saint Louis, voulant donner aux pauvres aveugles un abri plus salubre que les bois où ils se rassemblaient d'habitude, leur avait fait édifier, en plein cœur de Paris, un hôtel près de son Palais, nous aurions sujet de penser que la charité du bon Roi manquait un peu de mesure et d'intelligence. Il eût été, en effet, d'une administration déplorable d'installer des miséreux sur des terrains d'une valeur marchande considérable et de centupler, sans le moindre profit pour eux, les frais de leur hospitalisation. Aussi Louis IX se garda-t-il de le faire. Il logea les aveugles hors des murs, sur un sol d'un prix insignifiant.

Au XVIIIe siècle, l'ancien enclos ayant fini par être englobé dans la partie la plus somptueuse de la ville, le Cardinal Louis de Rohan en préconisa le transfert dans les faubourgs. Sa proposition marquée au coin de la sagesse obtint d'emblée l'adhésion royale et les plus violents détracteurs du grand Aumônier, s'ils lui reprochèrent le bénéfice malhonnête qu'il tira de l'opération, ne lui firent jamais grief de l'opération elle-même.

Les Quinze-Vingts furent relégués au-delà de la Bastille et, comme au moyen-âge, presque à la campagne.

Depuis, Paris s'est encore étendu et l'Hospice National se retrouve, à peu près, dans la situation où il était au XVIIIe siècle, rue Saint-Honoré.

Le quartier Saint-Antoine est devenu, non l'un des plus luxueux, mais l'un des plus populeux et des plus industriels de la capitale et les logements rudimentaires que l'on y offre aux aveugles représentent une valeur locative hors de proportion avec les services qu'ils rendent. Douze mille mètres de terrain estimé de deux à trois cents francs le mètre — soit un capital de plus de trois millions — sont accaparés par le gîte de 190 aveugles célibataires et de 90 aveugles mariés, avec ou sans enfants.

C'est pour cela que, depuis M. de Rambuteau, divers rapporteurs du Budget du Ministère de l'Intérieur ont demandé l'abolition pure et simple de l'Hospice. Spoliation injustifiable, en ce sens qu'elle serait exercée sur le patrimoine des pauvres et ordonnée par un tuteur au détriment de pupilles, éternellement mineurs.

Les Quinze-Vingts vivent de revenus qui se composent du loyer d'immeubles urbains et ruraux, et de rentes. La subvention de 250.000 fr.

qui leur est attribuée par les Chambres, chaque
année, est elle-même une rente perpétuelle et
irréductible. Ces revenus sont consacrés au sou-
lagement des aveugles et à la prévention de la
cécité. Leur emploi est déterminé. On n'en saurait distraire la moindre parcelle sans nuire au
bon fonctionnement des services et contrevenir
à la volonté, nettement exprimée, de ceux qui les
constituèrent.

Louis IX dota l'Etablissement, alors unique au
monde, et qui l'est resté, du mode d'hospitalisation le plus fraternellement humain qu'on puisse
rêver et qui ne serait pas plus onéreux que tout
autre si on l'appliquait rationnellement. Car il
n'est pas vrai de dire que les ressources de
l'assistance publique ne permettent pas de géné-
raliser l'hospitalisation familiale. On manque, à
mon avis, bien plus de méthode que d'argent.
Pourquoi un homme, une femme, des enfants, coû-
teraient-ils moins à soulager séparés que réunis ?
En ce qui concerne les aveugles et surtout ceux
— les plus nombreux — qui ne le sont pas
de naissance, doit-on oublier que l'adulte
ainsi frappé peut avoir femme et enfants ? Après
avoir espéré la guérison, épuisé les économies, vécu des heures affreuses et s'être, enfin,
soumis à l'inéluctable, il crie à l'aide ! va-t-on
sous couleur d'assurer son existence, l'abréger
par le chagrin, en le privant des soins et de l'affec-
tion des êtres qui lui sont chers ! Loin de désirer
la suppression des Quinze-Vingts, que certains
utilitaires considèrent comme une institution
archaïque, gothique, indigne des progrès mo-
dernes, il faudrait étendre leur principe à tous
les refuges ouverts aux vaincus de la vie. C'est le
seul qui n'imprime pas le caractère d'un châti-
ment, d'une irrémédiable déchéance au soulage-
ment de l'infortune et n'ajoute pas, de gaîté de

cœur, des privations artificielles à celles suffi-
samment cruelles, infligées par la nature ou la
atalité.

*
* *

Les Quinze-Vingts ne sont plus à leur place :
c'est un fait. Pour les y remettre et tirer de leur
fortune tout le parti possible, il suffit de recom-
mencer l'opération de 1779 en ce qu'elle eut de
juste et de fructueux ; c'est-à-dire de les rétablir
hors de Paris et d'exploiter à leur profit l'empla-
cement quitté par eux et dont la valeur ne peut
que s'accroître.

Il est à supposer que la Compagnie du chemin de fer de Vincennes établira tôt ou tard des
lignes souterraines et bâtira des maisons de
rapport sur sa voie actuelle tout le long de l'ave-
nue Daumesnil. Ce sera une source de gros profits
pour elle et pour l'Hospice, dont les terrains,
bornés actuellement par le talus du chemin de
fer, se trouveront en bordure d'artères et de
places vastes et belles.

Le transfert sera donc une bonne affaire et
donnera, par surcroît, satisfaction au vœu des
fondateurs et à la saine raison.

*
* *

Monsieur Georges Bonjean, mon généreux et
dévoué collaborateur, m'a fait visiter, récemment,
les Cités-Jardins mises par la Compagnie des
Mines de Dourges (Nord) à la disposition de ses
ouvriers.

L'aspect général des groupes d'habitations est
des plus pittoresques et tout à fait séduisant. Ils
ne rappellent en rien les corons noirs et maus-
sades des pays miniers.

A Dourges, chaque maison claire et gaie est -plantée entre jardin et courette. Dans celle ci se trouvent garde-manger, soute à charbon et à bois, poulailler, clapier et, enfin, ce qui n'est pas le moins précieux, cabinets inodores où les matières sont chimiquement stérilisées et préparées pour l'engrais.

La maison est bâtie sur cave. Au rez-de-chaussée il y a d'abord, à côté de la porte d'entrée et en saillie du corps de logis, une buanderie-cuisine, servant, dans la plupart des cas, de salle à manger. Viennent ensuite une grande pièce au fond de laquelle, comme en un décor rustique, se profile l'escalier à rampe de bois qui mène à l'étage, puis une chambre à coucher donnant sur la cour et éclairée par une large fenêtre.

L'étage comprend deux chambres et un débarras, le tout aéré et éclairé à souhait. Au-dessus de la buanderie-cuisine, est aménagée une élégante terrasse au pourtour ajouré.

Les maisons, de deux types différents, sont semées çà et là, sans alignement rectiligne, dans autant de jardinets entretenus à qui mieux mieux — les ménagères, on le sent, se piquent d'émulation — et ayant un potager, une pelouse et des plates-bandes fleuries.

Les haies de séparation sont formées de rosiers vivaces fournis par la Compagnie. C'est joli et, paraît-il, économique.

Les façades sont décorées, au pochoir, de dessins diversement coloriés.

On parle beaucoup des Cités-Jardins d'Angleterre, je doute qu'elles soient plus confortablement aimables que celles de Dourges.

Enfin, chiffre à retenir, chaque habitation revient à moins de cinq mille francs. On en construit, il est vrai, cinquante ou cent à la fois.

C'est dans un tel milieu qu'il faut transporter les Quinze-Vingts : A la campagne, mais à proximité d'une gare, afin que les aveugles ne soient point isolés du monde et puissent recevoir la visite de leurs parents et amis ; dans une contrée où le travail régional offre quelques occupations aux pensionnaires travailleurs, ainsi qu'à ceux qui — abeilles aveugles — se grouperaient peu à peu autour de la ruche agrandie.

Et ce plan est réalisable sans que la Maison ait à courir le moindre risque, à débourser la moindre somme.

Une Société philanthropique de constructions à bon marché, constituée conformément à la loi du 12 avril 1906, édifierait, sur plans approuvés par M. le Ministre de l'Intérieur et sous le contrôle permanent de nos architectes, des bâtiments appropriés aux besoins et aux habitudes de nos pensionnaires.

Pour désintéresser la société et devenir propriétaire du sol et des constructions, l'hospice paierait un loyer calculé sur l'intérêt dû aux capitaux engagés, auquel s'ajouterait la prime d'amortissement, destinée au remboursement de ces capitaux en 25 annuités.

Les revenus des Quinze-Vingts s'accroîtraient donc, au bout de 25 ans, du montant des loyers et des primes.

Sans entrer dans les détails techniques de l'entreprise j'en veux faire ressortir, par quelques aperçus, l'utilité pratique.

La Cité des Quinze-Vingts comprendrait :

1· Quatre-vingt-dix habitations de famille, groupées par îlots de deux ou de quatre et composées chacune d'au moins deux pièces au rez-de-chaussée et de deux chambres plus un débarras, à l'étage. Jardin, courette, W.-C., etc. Les maisons destinées aux ménages sans enfants, seraient de moindres proportions, sans étage, par exemple. Le prix moyen du loyer, prime d'amortissement comprise, ne dépasserait pas 250 francs.

2· Vingt bâtiments affectés aux célibataires et offrant à chacun d'eux un logement de deux pièces, avec W.-C. communs au rez de-chaussée et à l'étage. Chacun de ces bâtiments aurait dix occupants et ne devrait pas coûter plus de 1.200 francs de loyer, amortissement compris.

3· Une infirmerie de 25 lits, hommes et femmes, susceptible d'agrandissement, d'un loyer, amortissement compris, de 1.000 francs.

4· Deux pavillons à l'entrée de la Cité, pour les bureaux et l'habitation du Régisseur, d'un loyer de 500 francs chacun.

5· Une salle de fêtes pour conférences, lectures, concerts, etc., d'un loyer de 1.000 francs.

6· Un pavillon pour le logement des infirmières, la cuisine de l'infirmerie, la pharmacie, le vestiaire, d'un loyer de 1.000 francs.

7· Un atelier pour les pensionnaires ayant un métier qu'il leur soit plus avantageux de ne pas exercer dans leur logis. En réalité, ces travailleurs sont peu nombreux et l'on pourrait les négliger ; mais il faut donner satisfaction aux moindres désirs, pour peu justifiés qu'ils soient.

Actuellement, sur 280 hospitalisés, on compte :

13 brossiers, dont 1 impotent ;
 2 canneurs de chaises ;
 1 menuisier ;
14 confectionnant du filet ;
10   —   des couronnes de perles.
10   —   du tricot.

6 confectionnant des sacs en papier ;
1   —   des abat-jour ;
13 accordeurs de pianos ;
6 professeurs de musique ;
2 copistes de livres en Braille ;
2 horlogers ;
1 masseur ;
1 homme d'affaires, plaidant en justice de
    paix.

J'ai même encore un astronome !

L'atelier ne sera donc utile qu'aux brossiers et au menuisier. Les autres travaillent en chambre.

Il coûterait 10.000 francs au maximun. Je suppose un loyer de 600 francs, toujours prime d'amortissement comprise.

Je réserve les installations d'eau et de lumière qui seraient établies aux mêmes conditions et deviendraient au bout de vingt-cinq ans la propriété de l'Institution.

Il n'y a pas à s'occuper des constructions relatives à l'approvisionnement. Les pensionnaires auront la faculté d'acheter au dehors, comme ils l'ont rue de Charenton, et des coopératives établiront à leurs frais des succursales soumises à notre contrôle et qui, trouvant une clientèle toute faite, la serviront bien, pour se l'attacher.

Au cas où l'on transférerait la chapelle, elle serait desservie par le clergé de la paroisse prochaine.

Enfin, si le nombre des enfants nécessitait la création d'une école, M. le Ministre de l'Instruction publique y nommerait certainement l'Instituteur et l'Institutrice.

Il va sans dire que tout le matériel devenu disponible rue de Charenton serait utilisé à la Cité nouvelle.

Ceci exposé, voici comment s'établirait le budget des Quinze-Vingts transformés :

Location des bâtiments, amortissement
    compris ....   51.100 »
Appointements du Régisseur, d'un Com-
    mis et d'un Concierge ....   6.500 »
5 hommes pour l'entretien des voies,
    etc. ....   6.000 »
5 infirmières, dont une pharmacienne ..   6.000 »
Pharmacie ....   2.000 »
Habillement, lingerie. ....   3.000 »
Eau, éclairage, salubrité. ....   4.000 »
Entretien des bâtiments. ....   10.000 »
Pensions internes (les mêmes qu'à Paris,
    ce qui, en province, constituera une
    grande amélioration du bien-être
    matériel) ....   200.000 »
Imprévu ....   10.000 »»

            Total ....   298.600 »

Les dépenses correspondantes nécessitées, rue
de Charenton, par les pensionnaires internes
étant, en moyenne, de 330.000 francs, il resterait
environ une somme de 30.000 francs pour assurer
le fonctionnement de la Maison Mère, laquelle
continuerait à gérer les biens de l'Hospice, à dis-
tribuer des secours aux aveugles indigents de
France, et à subventionner, au prorata de ses
ressources, cliniques ophtalmologiques, écoles,
ateliers d'aveugles, etc.

* *
*

Mon estimation du loyer-amortissement de la
Cité des Aveugles, ne surprendra pas les lecteurs
un peu au courant de la question si actuelle des
habitations à bon marché. A ceux qui la trouveraient fantaisiste, j'avouerai qu'en cela, comme
en nombre d'autres choses, je n'ai rien inventé et
me suis borné à emprunter les éléments de mon

calcul aux publications de sociétés sérieuses, légalement constituées et ayant fait preuve de vitalité.

J'indiquerai notamment : l'Immobilière de Valentigney-Beaulieu et Terre-Blanche ; L'Habitation populaire, de Lorient ; Le Foyer par l'Epargne, de Montpellier ; La Société des Habitations à bon marché, de Besançon ; Le Foyer Villeneuvois, de Villeneuve-St-Georges ; Le Toit Familial, d'Argenteuil. Toutes ces sociétés et d'autres, construisent des maisons aux conditions que j'indique.

*
* *

On remarquera, en comparant les deux budgets, que les économies de personnel et d'entretien des bâtiments, réalisées grâce au transfert, permettent d'assurer, à quelques milliers de francs près, peut-être, le paiement du loyer de la Cité des Quinze-Vingts. Il n'est donc pas téméraire d'affirmer que l'installation de nos pensionnaires dans un milieu meilleur ne coûtera rien à l'Hospice.

Et si, ce que je ne crois pas, mes prévisions de dépenses étaient dépassées, il n'y aurait aucune inquiétude à en concevoir. Les bâtiments rendus disponibles par l'exode, auront toujours une valeur locative immédiate, en attendant leur transformation en immeubles de grand rapport.

On conserverait, à titre historique. la porte d'entrée, le bureau et l'habitation du Directeur, les archives qui sont infiniment précieuses, l'appartement du Receveur, de la Surveillante générale, indispensable surtout à la Clinique ophtalmologique, et on louerait les logements du personnel supprimé.

Il n'y aurait, bien entendu, rien de modifié à la Clinique nationale dont la place est marquée dans un centre populeux. Elle pourrait même être augmentée d'un ou deux nouveaux services dans les locaux de l'infirmerie devenus vacants.

Dès son entrée en jouissance du nouvel enclos, l'hospice disposera du grand pavillon central, de la cour d'honneur, de la partie intérieure de la maison n° 30, rue de Charenton, de la cantine, de l'atelier, des dépendances de la cour des Platanes, de la Chapelle dont une partie déjà, a été convertie en magasins. De tout cela, sans modifications onéreuses, et en attendant la réalisation d'un plus vaste projet, en en faisant des logements ouvriers, des ateliers, des remises, etc., comme dans les nombreuses cours du faubourg Saint-Antoine, il n'est pas exagéré de dire que l'on tirerait un loyer minimum d'une centaine de mille francs. Et dans 25 ans, les revenus s'accroissant des 51.100 francs que l'on n'aurait plus à verser à la société de construction, le capital des Quinze-Vingts serait, en prenant le revenu pour base, de quatre millions de francs plus élevé que maintenant.

*
* *

Le transfert, profitable aux finances de l'institution, le sera-t-il à ses pensionnaires ?

C'est l'évidence même. L'aveugle qui recevra à la campagne l'allocation qu'il reçoit à Paris, verra ses ressources doublées et triplées rien que par les économies sur le prix de la vie.

L'aveugle sera-t-il plus confortablement et plus hygiéniquement installé ?

Il suffit de rappeler que nos pensionnaires sont, depuis 1779, logés dans une caserne construite pour les bons soudards qu'étaient, au demeurant, les mousquetaires du Roi Soleil, si joliment poétisés par Alexandre Dumas. Ils couchaient à deux par chambrée, pas beaucoup mieux traités que leurs chevaux. Ce n'était pas, ce ne sera jamais un hospice modèle. On le reconnaissait déjà en 1781 puisque Prieur, gouverneur onéraire des Quinze-Vingts, exposait, le 2 mars, au chapitre tenu par MM. les gouverneurs-administrateurs « que les chambres du « rez-de-chaussée étaient fort humides et pou- « vaient être dangereuses aux aveugles qui, par « leur état, n'avaient pas le moyen de se garantir « des effets que cette humidité pouvait leur « causer. »

Elles sont aujourd'hui ce qu'elles étaient jadis. J'ai dû même en désaffecter quelques-unes par trop malsaines, ce qui ne veut pas dire que le reste soit merveilleux.

A chacun des 190 célibataires, il est attribué un cabinet à feu, éclairé par une fenêtre ; aux 90 ménages, une pièce plus vaste, n'ayant tout de même qu'une fenêtre. S'il y a des enfants, quels qu'en soient l'âge et le nombre, une seconde chambre est ajoutée à la première. Ces logements n'ont ni eau, ni gaz, ni caves, ni W.-C. ; ils ouvrent, comme des cellules de couvent, sur de longs couloirs, obscurs à l'aile droite, médiocrement éclairés à l'aile gauche. En de telles conditions la tuberculose que le regretté Emile Cheysson appelait le « fléau des grands caravansérails populaires » a beau jeu pour se développer.

L'aveugle et sa famille ont tout à gagner, physiquement et moralement à un changement qui leur donnera à profusion l'air et l'espace si parcimonieusement mesurés à Paris. Y gagneront aussi les nombreux postulants qui sollicitent, l'internat souvent en vain, non parce qu'il faut s'en tenir à jamais au chiffre fatidique de 300 qui formait sans doute, au temps de Saint-Louis le total des aveugles parisiens ; mais parce que la place dont on dispose rue de Charenton est si exigue que l'idée d'augmenter le nombre des pensionnaires n'a jamais été envisagée.

Partout ailleurs les hospitalisations n'auraient de limites que les ressources pécuniaires.

*
* *

Mais, dira-t-on, les membres voyants de la famille qui, par leur travail, accroissent son bien-être perdront ce gain supplémentaire et complémentaire.

L'objection n'est pas fondée.

Cette aide n'est apportée que dans les ménages. Or les deux tiers des hospitalisés sont célibataires. Outre cela, quel peut être le métier du mari voyant ? S'agit-il d'une profession classée, d'un métier rapportant huit ou dix francs par jour ? Dans ce cas, la place de l'aveugle n'est pas aux Quinze-Vingts. De ces voyants là, je n'en connais pas et j'ajoute qu'il n'en saurait exister, le postulant à l'internat devant produire un certificat d'indigence.

La profession du mari voyant est, en réalité, celle d'un gagne-petit, d'un bricoleur, d'un manœuvre, rapportant peu et qu'il trouvera la possibilité d'exercer n'importe où.

Parlerai-je du gain de la femme voyante ? Non, n'est-ce pas ? Le travail d'une ménagère à Paris n'équivaudra jamais aux seules économies qu'elle réalisera sur ses achats en province.

Quelle est, maintenant, la part des enfants ?

Ces enfants, malgré les 25 centimes quotidiens qu'ils reçoivent jusqu'à 14 ans, constituent plutôt une charge. Leur appoint ne viendra que lorsqu'ils auront un métier. Mais alors, aux termes du règlement, ils auront quitté la maison et rien ne les empêchera d'envoyer à leurs parents aux Quinze-Vingts de là-bas, ce qu'ils leur donneraient aux Quinze-Vingts d'ici.

Remarquons, en passant, qu'à la campagne où la place ne manquera plus, l'article du règlement qui exclut le garçon à 15 ans, la fille à 21 ans n'aurait plus raison d'être. Et cette mesure imposée par la petitesse des logements est, il faut bien le dire, une cause fréquente de démoralisation pour l'adolescent que la vie de famille eut préservé de certains entrainements.

— Mais ces enfants, quel état apprendront-ils en province ?

— Mon Dieu, celui qu'ils y eussent appris en y restant. Presque tous nos pensionnaires en viennent et les y remettre c'est, pour ainsi dire, les laisser chez eux. La plupart reprendront les travaux des champs et n'en seront pas plus à plaindre, au contraire !

On ne dira pas que la rue de Charenton est un milieu bien choisi pour les aveugles et leur famille. Les malheureuses filles qui en obstruent l'entrée, du côté de la Bastille, et les jeunes chenapans qui vivent à leurs crochets et passent le temps dans les assommoirs d'alentour n'offrent pas, que je sache, de vertueux exemples.

Nous avons le souci d'assurer à nos pupilles l'instruction et la connaissance d'un métier rémunérateur ; mais cette instruction, ce métier leur seront donnés aussi bien — si pas mieux — hors Paris que dedans.

La mise en vigueur de la loi sur le travail des mineurs — toute bonne et humaine qu'elle soit — parallèlement avec la concurrence étrangère — je parle surtout pour l'industrie du meuble, presque exclusivement pratiquée dans notre faubourg, contribue à la diminution progressive de l'apprentissage. Et beaucoup de jeunes gens qui seraient devenus de bons travailleurs et d'honnêtes sujets s'ils étaient entrés à l'atelier au sortir de l'école, livrés aux promiscuités de la rue, s'y pervertissent fatalement. J'en pourrais citer à qui l'accès de la maison a dû être interdit. Loin de Paris, ces douloureux inconvénients seraient plus rares.

*
* *

En résumé, si le transfert soulevait quelques protestations — les aveugles réellement indigents y trouvant d'indéniables avantages, — elles n'émaneraient que d'hospitalisés à l'abri du besoin et qui usurpent aux Quinze-Vingts la place d'infortunés véritables. Ceux-là, je le reconnais sans m'en émouvoir, ne trouveraient pas, loin de la Capitale, les satisfactions qu'elle procure aux gens à leur aise.

Je ne demande pas d'ailleurs, une transformation brusque. Il est aisé de respecter les intérêts légitimes. Si les accordeurs de pianos, les organistes préfèrent rester à Paris, on servira une pension à ceux d'entre eux qui en auront besoin. Mais, sauf quelques cas particuliers, tous les pensionnaires, prévenus un ou deux ans à l'avance, se rendront compte, j'en suis convaincu, des bénéfices de leur situation future.

Ces difficultés, naturellement, n'existeront pas pour les pensionnés de demain qui sauront à quoi s'attendre avant de poser leur candidature.

*
* *

Je crois avoir démontré que la réorganisation, que je propose serait plus conforme que l'organisation actuelle aux vues du fondateur et des bienfaiteurs de l'institution ; qu'elle augmenterait ses revenus, sans risques ni débours d'aucune sorte ; qu'elle améliorerait le sort matériel et moral de ses pensionnaires et permettrait d'en secourir un plus grand nombre pour le même prix.

La Cité des Aveugles rendrait, en outre, un immense service à la masse des pauvres gens en devenant le type des établissements hospitaliers de l'avenir, au fronton desquels les mots : Liberté, Egalité, Fraternité, ne seraient plus une vaine et décevante formule.

Février 1910.

Ernest VAUGHAN,
Directeur de l'Hospice National
des Quinze-Vingts.

www.ingramcontent.com/pod-product-compliance
Lightning Source LLC
LaVergne TN
LVHW051144060726
842526LV00006B/2218